Die Aera der Rebellen ist Tod – Lang lebe die USB!

Die hier genannten Themen kann ich nur Anreißen, denn jede einzelne Ära verdient eigene Bücher, die es auch bereits gibt! Es würde den Rahmen sprengen in die Tiefe zu gehen und würde sich auch zu sehr in Details verlieren. Vieles spreche ich erst gar nicht an, was sich aber Viele aus den Zeiten auch selber erklären können. Natürlich gab es eine Fülle mehr an Musik, Künstlern oder Bewegungen und mein Beitrag ist auch sehr grob. Aber meiner Meinung reicht es für die Endaussage völlig aus! Ich gehe auf die, meiner Meinung nach, prägnantesten ein Zeiten. Wer Interesse hat, kann sich aber selber informieren und bei Bedarf auch selber in die Tiefe gehen!

Es ist eine Tradition, dass Musik ein Ventil der Zeit ist, welches gegenwärtige Konflikte widerspiegeln. Man spricht von „Bewegung"! Jede Bewegung bringt auch Rebellen mit sich! (Rebeller frz.= sich empören, sich auflehnen, lat. aus re= wieder bellum= Krieg)

Die erste Bewegung war der Rock`n Roll. Er entstand durch Sklaven. Erst Elvis war der erste Weiße, der ihn benutzte. Er sang wegen der Musik, doch es war auch eine Rebellion! Er lernte den Rassismus an eigener Haut kennen. Rock`n Roll half später durch den Vietnamkrieg und hielt die Soldaten bei Laune!

Als er vorbei war, wurden sie erwartet von Hippies, auch

„Blumenkinder" genannt! Sie wurden mit einer Rebellion für Frieden und Liebe konfrontiert! Unter den Rebellen Jimi Hendrix, Joe Cocker und auch Jim Morisson! Die Gang Zeiten, der Halbstarken waren vorbei und wurden von einer Ära der Drogen abgelöst!

Alle sprachen über Freiheit. Easy Rider kam in die Kinos! Wurde legendär auch wegen der Musik:

Born To Be Wild!

Der Höhepunkt jener Zeit und Bewegung war Woodstock! Ein unerfreulicher Höhepunkt war der Tod von Roman Polanskis Frau Sharon Tate, wie von der Charles Manson Sekte bestialisch abgeschlachtet wurde! Der Spruch „Death to Pigs" welcher mit Blut an die Wand des Familienhauses Polanskis geschrieben wurde, leitete das Ende der Hippiebewegung ein! Dieser Spruch wurde bezeichnend! Mit Pigs waren die Reichen gemeint!

Er ging in die 80er Jahre. Es folgten gleich zwei Bewegungen! Frustrierte Jugendliche, die nicht richtig Instrumente spielen konnten, es aber trotzdem taten wurden Zeit richtend! Die „No Future" Generation war geboren! Punker! Sie schrien alles heraus!

Gleichzeitig streifte ein Jemand durch die Ghettos und versuchte für Hoffnung zu sorgen und schaffte es auch! Afrika Bambaata. Der Breakdance entstand. Graffiti, Scratchen, Mixen, Rappen war eine neue Welle. Er hieß die Gangs sich in den Aktivitäten zu messen, statt sich gegenseitig zu erschießen! Eine Bewegung der Hoffnung und gegen Armut!

Irgendwo dazwischen gab es auch Reggae für Frieden für den Bob Marley der große Initiator war!

„Metaller" wurden populär, als die Musik begann elektronisch zu werden! (Sie bestehen noch heute darauf, dass sie „Richtige Musik" machen!) Sie sangen die Dinge wie sie waren, ohne sie zu beschönigen! Eine Rebellion gegen Verlogenheit und mehr!

Auch die Pop Bewegung, allen voran Madonna, Michael Jackson und auch Prince, sind bis heute wegweisend!
Madonna emanzipierte mit ihrer Freizügigkeit den weiblichen Pop und sorgte für den einen oder anderen Skandal! Heute schockt nicht mal mehr Miley Cyrus!

Wir kommen so langsam in die 90er, der sogenannten „Generation X", die dann aber mehr und mehr zu einer Modeerscheinung wurde! Piercen und Grunge Look war Inn…aber auch jetzt noch! Spitzbart und Adidas Klamotten!

Der Techno war eine Bewegung der Unzufriedenheit! Man lebte zum Wochenende hin! Es wurden Pillen eingeworfen, um abzuschalten! Drogen waren seit den 70ern ein Teil fast jeder Musikbewegung, doch am schlimmsten war der Missbrauch in der Technoszene! Der Körper wurde künstlich aufgeputscht, damit man die ganze Nacht oder auch das ganze Wochenende durchtanzen konnte! Dem Körper wurde ein falscher Eindruck vermittelt! Natürlich bleiben da die Folgen nicht aus!

Eigentlich sollte es um Liebe gehen, aber letztendlich, war jeder für sich! Und so tanzten auch alle! Eine Illusion der Gemeinschaft und Freundschaft! Aber am Montag, wenn die Musik verklungen war, war alles vorbei! Die Kriminalität wurde jünger! Es war eine Flucht, vor dem, was man sich letztendlich doch stellen musste! Ein einziger belangloser Rausch! Eines der Höhepunkte der Technoszene war das „Space Woodstock" und dann starteten auch schon die Technoparaden!

Wie die Flower Power Bewegung, endete auch diese mit Gewalt!

„Das Unglück bei der Loveparade 2010 ereignete sich am 24. Juli 2010 in Duisburg während der 19. Loveparade, worauf deren Organisator die

Veranstaltungsreihe beendete.[1] Im Zugangsbereich der Veranstaltung kam es aufgrund fehlgeleiteter Besucherströme[2] und Planungsfehlern[3][4] zu einem Gedränge unter den Besuchern, in dessen Folge 21 Besucher starben und 541 weitere[5] verletzt wurden.[6][7] Weiterhin teilte der Selbsthilfeverein LoPa-2010 im Juli 2014 mit, mindestens sechs Überlebende der Katastrophe hätten sich auf Grund andauernder seelischer Belastungen das Leben genommen.[8] „ Quelle: Wikipedia

DSDS, DJ`s, Cover und Kopien! Eine unechte Zeit! Kopie der Kopie der Kopie!
Was haben wir jetzt? Während Originale wie Depeche Mode, für die es sogar Partys gibt, einen Aufschwung bekommen, oder

sogar Heino, oder unzählige Andere, gibt es keine echte Bewegung! Jede Musikszene plätschert so vor sich hin, den Blick immer nach Amerika gerichtet! Es gibt immer noch Rocker, die sich aber mit Kriminalität hervortun! Hells Angels oder Bandidos. Es herrscht ein Rockerkrieg, der mit Freiheit wenig zu tun hat!

Die DSDS Shows, bei denen der eigentliche Star die Jury ist! Mit der letzten Sendung endetet auch die Karriere des Gewinners! Man sieht sie dann im Dschungel, Big Brother, Kochsendungen, Spieleshows oder auch Tanzshows.

Ist das was der DJ macht, eigentlich noch wirklich Kunst? Er muss keine Platten mehr bedienen. Alles kommt vom Stick. Die Technik hilft beim Mischen und bei den

Übergängen! Wer einigermaßen ein gutes Taktgefühl besitzt, kann DJ werden!

Facebook ist überschwemmt! David Guetta ist ein Superstar, der allerdings auch produziert! Selbst er lässt manchmal einfach nur einen USB-Stick die Arbeit machen und hampelt für seine Fans! Ist das noch ernst zu nehmen?

Ich selber finde KPOP richtig gut! Es ist POP Trash, der viele verschieden Zeitebenen vereint! Bigbang und Stellar! Es ist innovativ. Die Mode bewegt sich im Gentleman Look mit androgynen Schminkereien auch bei Männern, wie Bsp. David Bowie in den 70ern! Wir bewegen uns mit der heutigen Homophobie rückwärts! Androgyn gilt als unmännlich! Look who`s talking!

Die Choreographien sind einzigartig Spezial und wenn die Mädels tanzen, können Stars wie Beyonce, Rihanna oder sonst wer einpacken! Hier findet man Blut, Schweiß und Tränen!

Auch höre ich mir gerne Popmusik aus aller Welt an! Die Mischung machts, ob nun Russisch wie zum Beispiel Serebro, Finnisch, Englisch oder Türkisch. Es gibt internationale Charts, in die man hineinhören kann! YouTube machts möglich!
Meiner Meinung nach wäre der nächste logische Schritt eine internationale Diskothek, die Musik aus aller Welt spielt! Durch das Internet sind wir so vernetzt, dass es keine Barrieren mehr gibt. So sollte auch die Musikkultur sein!

Gemischt, Bunt und International!
Das wäre eine Rebellion des
internationalen Friedens!

Facebook = IShareGossip – Welcome to Amerika! Die Deutschen Gäste! Slvester Köln, das ganze Jahr!

Bud Spencer muss für Ausländerhetze und Schmuddel Kommentare hinhalten! R.I.P. Bud Spencer. Neuerdings wird er als Profilbild verwendet, was zum einen dumm ist, da Bud Spencer weder rassistisch noch frauenfeindlich war und zum Anderen verrät es sehr viel über das Alter des Nutzers! 60+, wahrscheinlich mit Übergewicht, mit Bier, Käsekuchen und Wurst bewaffnet beim frauenfeindlichen oder rassistischen Beleidigen und Hetzen!

Facebook, ist eine amerikanische Plattform, auch wenn die Server in Nordschweden sind! So gesehen,

14

ist es entfremdlich, wenn sich deutsche Rassisten, über ausländische Bürger aufregen, die in Deutschland demonstrieren, sich aber virtuell in Amerika befinden.

Noch interessanter wird es, wenn gegen Amerika gehetzt wird. Wie oft hört man „Wenn denen das nicht passt, sollen die in ihre Heimat zurück!" Sie selber regen sich aber über alles Mögliche betreffend Facebook auf, bleiben aber trotzdem registriert!

Etwas fordern, zudem sie selber nicht fähig sind!

Netzgewalt! Die Frage ist nun, bei auftauchender Netzgewalt Hetze etc. an wen wenden? Natürlich kann man Hetze bei Facebook oder den Seitenbetreibern melden, wahrscheinlich mit wenig Erfolg. Danach macht es Sinn hier Vorort Anzeige zu erstatten, oder ist es nicht tatsächlich sinnvoller, da amerikanisch, sich an das FBI oder eine amerikanische Behörde zu wenden?

Ein Kontakt, durch das Internet wäre schon möglich!

Facebook = isharegossip! Wie weit käme man, mit einer Klage gegen Facebook?

Zitat „Die Welt": „Es ist respektlos, wie die Bundeskanzlerin in manchen Medien dargestellt wird. Das erinnert an die publizistischen Vernichtungsspiralen bei Peer Steinbrück und Christian Wulff. Hört das niemals auf?"

Wenn das stimmt, verhalten sich die Medien äquivalent, wie zu derzeiten Schüler bei isharegossip! Mal abgesehen davon, was sich in den Kommentaren abspielt! Bei Spiegel Online gibt es sogar ein Video gegen Hass, aber Hand aufs Herz; diese Schlacht ist verloren!

Facebook verbieten oder IShareGossip erlauben?

Presse Rundschau Zitat! „Deutscher Jurist beweist: Facebook wird politisch manipuliert: Dabei übt der Rechtsanwalt aber auch Kritik an der Amadeu Antonio Stiftung, die sich mit dem Thema Hatespeech im Internet beschäftigt: „Es gibt ja diese Amadeu Antonio Stiftung, die von einer acht Jahre für die Stasi tätigen Dame geleitet wird. Wie man als Unternehmen wie Facebook, aber auch als Justizminister sich eine solche Stiftung heranholen kann, damit die über Redefreiheit oder die Entfernung von Straftaten beraten soll, ist mir absolut schleierhaft. Das ist ein PR-Gau sondergleichen und es wundert mich, dass Facebook diese Kooperation noch nicht beendet hat. Aber das Löschen macht Facebook selber oder lässt es durch Dienstleister – eine Bertelsmann-Tochter – machen. Das geschieht in extremem Maße unprofessionell." Die Chancen stehen gar nicht so schlecht! Mimikama schreibt „Facebook wird sehr viel gemeldet, jedoch wird ein Großteil der Meldungen nicht entfernt. Es macht den Anschein, als verstoße dies alles nicht gegen die Gemeinschaftsstandards von Facebook!"

Jan Böhmermann und Erdogan!

Meinungsfreiheit?

Erkläre mal einem Kind, warum da einer im Fernsehen offen einen Staatsmann als Kinder und Schafsficker, wenn auch im Zusammenhang mit Satire, nennen darf! Das findet das Kind lustig, wenn Papa dem Jan Böhmermann auf die Schulter klopft und im Internet noch überall nachlegt!

Jan Böhmermann, ist der Endpunkt einer Folge der katastrophalen Fernsehentwicklung. Angefangen mit Stefan Raabs Vorführ TV bis hin zu DSDS! Es geht nur noch um das Bloßstellen!

Wenn Erdogan über der Erziehung steht, läuft schonmal was falsch! Die Reaktionen hätten geschlossen gegen Jan Böhmermann's Schmähgedicht sein müssen! Sei dahingestellt, was Satire darf!

Verantwortung wird abgegeben!

Da darf man dann auch nicht mit dem Finger auf Duterte zeigen, der Obama beleidigte!

Obama und Duerte!

Dieselben Heuchler klopfen Jan Böhmermann auf die Schulter! Diese Verlogenheit bekommen die Kinder auch mit!

Letztendlich kommt es auf die Erziehung an!

Wenn Jan Böhmermann allgemeine Zustimmung bekommt, entspricht das dem Moralverständnis der Bevölkerung!

Erdogan als Feindbild steht über dem Seelenleben der Kinder!

Kinder, die sich durchs Internet bewegen, ebenfalls auf Nachrichtenseiten, erleben eine Erwachsenenwelt: Frauen,

Ausländer und Rassenhass!

Es scheint gesellschaftlich Akzeptiert und somit Etabliert!

Facebook steht IShareGossip in nichts mehr nach, nur dass es nicht Schüler, sondern vorwiegend „vorbildliche" Erwachsene sind, die aufs übelste Hetzen!

Also zu Besuch in Amerika und sich benehmen, wie die Axt im Walde? Ist das nicht das Verhalten, was den bösen Ausländern vorgeworfen wird?

Weihnachten für Erdogan! Putsch und Schmähgedicht! Das ist derselbe Ball, der auch Obama in die Hände gespielt wurde! Wie soll das den Menschen vor Ort helfen?

Die Meinungsfreiheit hat da jedenfalls nicht gewonnen!

Scarface Gay Tony oder das Opfer deutscher Hip Hop!

Realitätsverlust!

Man kann nicht Gleichzeitig eine Partei wählen die gegen Flüchtlinge hetzt, aber auf der anderen Seite der größte Fan/ Identifizierung von Scarface sein!

Einem Flüchtling, der Amok läuft und seine eigene Familie über den Haufen schießt!

Realitätsbezug und Wahrnehmung sind gestört! Gestörte Selbstwahrnehmung!

Die Bezüge im deutschen Hip Hop sind unendlich. Man schmückt sich mit dem Namen Tony Montana…nennt sich Scarface.

Es ist nahezu unmöglich auf alle Bezüge in der Hip Hop Szene bis heute einzugehen, denn es sind unzählige und sie sind undifferenziert! Auch hier mag die Filmfigur einen gewissen Reiz ausüben, der mit Themen wie Familie, Drogen, Ehre, Macht oder Geld verknüpft sein mag. Die Filmfigur, versagt jedoch auf der ganzen Linie! Sogar bei den Frauen!

So ist es auch in der Realität!

80er Jahre. Während die Hip Hop Szene immer noch in den 80ern hängen geblieben scheint, vor allem die Deutsche, findet die Jugend keinen richtigen Anschluss! Sie sind weder mit „Der Pate", „Scarface" noch mit den Breakdance oder Hip Hop Filmen der 80er Jahre aufgewachsen! Für sie ist es ein Blick in die Vergangenheit, der völlig überholt ist! Mal abgesehen davon, dass es sich um amerikanische Vorbilder handelt mit amerikanischen Themen!

Es kein großes Thema mehr Schwul oder Gay zu sein! Al Pacino, der Darsteller von Scarface selbst hat und hatte nie kindischen Ängste zu diesem Thema, wie seine Filme „Cruising" oder „Hundstage", wo er bei einem Banküberfall Geiseln nimmt, um seinem Freund eine Geschlechtsumwandlung zu ermöglichen, auch aus der Zeit, beweisen!

Auch in Serien wie Spartacus ist Homoerotik eher ein Bild der Zeit! Selbst der vorletzte Bond „outet" den Agenten in einem Gespräch mit seinem Widersacher „Silva", der deutlich macht, dass sich Agenten hin und wieder auch auf Männer einlassen müssen!

Die neuen Generationen reifen schneller! Auch die Konsolenhersteller haben dies bemerkt, und antworten mit einer Eindeutigen GTA Folge!

All dies zeigt deutlich welche Generationen rechtsgeneigte Parteien wählen. Es sind ältere, in der Zeit hängengebliebene, die sich pubertären Filmträumen wie „Scarface" hingeben und sie zu Ernst nehmen, während selbst Al Pacino schon damals intellektuell sehr viel weiter war, als die gegenwärtigen Fans!

„Boss" oder „Imperator"! Aber seien wir doch ehrlich: „Opa Rapper"!

Kollegah Der Boss!

Die Partei entspricht der Unart der

Wähler!

Art: The Licence to be Offensive! Satire, HipHop und die „Kunstform" Beleidigung! Die AfD profitiert von einem sich immer mehr verbreitenden Phänomen des etablierten abwerten anderer Menschen! Es wird gegen alles Mögliche geypted, was der Partei auf der einen Seite helfen, und Ausländer auf der anderen Seite verächtlich macht! Bsp. Die Burkadiskussion! Die Kriminalisierung aller Flüchtlinge! Im Internet ist jeder ein prominenter Satiriker oder HipHopper, der mal „Zuschlagen" darf! So ist es wohl kein Wunder, dass Bushido einst die AfD wählte.

„Der Pate" war Bisexuell!

Marlon Brando „Der Pate", dem man eine Affäre mit James Dean nachsagt (Darwin Porter), war Bisexuell! Kein großes Ding…außer für die homophobe deutsche Hip Hop Szene!

Frauen zweifeln nicht an der Männlichkeit von Al Pacino, Marlon Brando, Daniel Craig, James Dean oder sonst wem, der hin und wieder was ausprobiert. Die deutsche Hip Hop Szene braucht die Schwulen, um sich zu profilieren! Es ist dasselbe Phänomen, wie mit AfD Wählern und Frau Merkel!

Hip Hopper können nur männlich sein, wenn sie mit dem Finger auf Schwule zeigen! Eine Männlichkeit aus purem Selbstbewusstsein gibt es nicht! Somit schlüpft der deutsche Hip Hop in eine Opferrolle! Homophobie ist das Symptom! Es wird sich selbst aufgewertet, ohne es verdient zu haben mit Kings, Prince oder Imperatoren!

Der deutsche Hip Hop besteht eigentlich fast nur aus Selbstdarstellern, die sich selber feiern! Es wird sich mit fremden Federn geschmückt! Man will Amerikaner sein! Man will eine amerikanische Filmfigur sein!

Die unerreichten Vorbilder, haben das nicht nötig!

Sie werden nicht nur gekrönt, Sie sind zudem auch Amerikaner!

V wie Joker.

Eine Maske, gegen einen angeblich totalitären Staat missbrauchen, um dann selbst einen zu gründen! Gerne wird die Vendetta Maske, für Fake Profile benutzt! Auch Anonymous benutzt diese Masken, doch wie ich schon in einem anderen Bericht erwähnt habe, arbeitet Anonymous mit handfesten Beweisen, während Fake Profile haltlos hetzen!

„Die Amerikaner waren es selbst..9/11…!"

Diese kläglichen Versuche, die Amerikaner zu „beflecken", wird am Massenmord an den Juden nichts ändern! Das ist eine Verweigerung sich mit der eigenen Geschichte auseinanderzusetzen und Gleichzeitig eine „Rechtfertigung" gegen Flüchtlinge hetzen zu

„dürfen"!

Was sich im Netz gerade abspielt, lässt tief blicken! Die neuen Generationen wollen einen eigenen Holocaust, für den sie sich später Schämen wollen! Sie wollen sich von der eigenen Geschichte abgrenzen!

Nationalstolz, ist Stolz für lau! Es bedarf keiner Leistung.

Anders ist es für Migranten! Sie müssen an sich arbeiten und es sich buchstäblich verdienen! Ist es soweit, haben sie dann nicht eher ein gewisses Recht darauf Stolz zu sein, aufgrund ihrer Leistung?

So ist es auch mit den Masken im Netz! Joker für lau. Batman für lau. Vendetta für lau. Keine Leistung! Nur ein paar Klicks!

Aber jede Menge falscher Stolz!

Lügen und Leugnen: Paranoide Verschwörungstheoretiker, Spiele und Internetsüchtige, haben diese Eigenschaften!

Man kann nicht gleichzeitig eine Partei wählen die gegen Islam hetzt, aber auf der anderen Seite der größte Fan/ Identifizierung von dem Joker/ Dark Knight sein! Einem Soziopathen, der Frauen hasst und die Verkörperung des Terrors und des 11. Septembers ist!

Die gesamte Aktion, zwei Flugzeuge (Phallussymbole) in die Twin Towers, ebenfalls Phallussymbole, zu fliegen, strotzt nur so von Eifersucht! Unterschwellig sind da auch noch die versprochenen Jungfrauen! Auch beim Flüchtlingsthema keimt immer wieder das Thema Sexualität auf!

Heath Ledger, lag sicherlich sehr viel an der Verkörperung des Jokers! Seine Ambition war es sicherlich nicht, den Terror zu begünstigen. Natürlich muss der Joker charismatisch sein und eine gewisse Anziehung ausüben, wie es bei der gesamten Rekrutierung des IS sein mag! Dass er für Viele aber gleich eine Vorbilds Funktion hat, liegt an einer gestörten Selbstwahrnehmung!

Im Grunde geht es nur darum die Amerikaner und die Flüchtlinge zu diffamieren! Plötzlich sind alle Hochhausexperten...aber nicht zu Glauben, auch Brücken brechen manchmal zusammen und sollten es nicht! Da könnte das Buch „Das Peter Prinzip" von Raymond Hull, vielleicht weiterhelfen!

KAL-EL

Paranoide Verschwörungstheoretiker sind leicht zu täuschen!

Der Verschwörungstheoretiker Markt ist ein großes Geschäft. Auch die Tom Hanks/ Dan Brown Reihe gehört dazu! Was wäre da nicht naheliegend ihn selber zu pushen und zudem die Verschwörungstheoretiker obendrein noch an der Nase herumzuführen? Außerdem hat er auch eine Katharsis Wirkung! Frei nach dem Motto: Gebt dem Volk Brot!

Ein Beispiel:

Was wäre für die Amerikaner mehr von Vorteil?
zuzugeben, dass sie Außerirdischen gegenüber absolut

machtlos sind oder so zu tun, als wären in Area 51 UFOs, um so zu tun, als hätten sie Zugang zu Überlegener Technologie? Da sind keine UFOs! Die verdienen am Verschwörungstheorie Markt mit und pushen ihn selber! Schaut mal Fernsehen!

„Geheime Dokumentationen"!

Man kann nicht Gleichzeitig eine Partei wählen die gegen Flüchtlinge hetzt, aber auf der anderen Seite der größte Fan/ Identifizierung von Superman sein!

Einem Flüchtling!

Warum haben Superhelden Konjunktur?

Superman ist ein Flüchtling. Ein Migrant mit einer Doppelten Identität! Doppelte Staatsbürgerschaft. Nur ist sein

Planet nicht mehr da! Seine Pflegeeltern versuchen seine Identität zu verheimlichen, um ihn zu schützen! Was ihn auf der anderen Seite isoliert! Eine „Integration" scheint schier unmöglich! Integration oder Selbstaufgabe?

Superman/ Kal El/ Clark Kent ist somit aktuell wie nie! Ein Fake Profil gibt vielen Menschen das Gefühl der „Macht". Nur sind sie nicht gerade Supermann hinter ihren Profilen! Mag sein, dass sie sich selber so sehen, aber eigentlich wissen sie, dass es nicht so ist! Der Unterschied zwischen Ihnen und Superman ist…mal abgesehen davon dass Superman fiktiv ist, dass er in seinem Universum „Echt" ist!

Dasselbe gilt für Batman und allen

anderen Superhelden! Sich einfach eine Maske wie Batmans aufzusetzen macht noch lange keinen Superhelden! Vor allem nicht im Internet!

Fake Profil Wahlkampf! Deindividuation – In der Masse sicher!

Paranoide Verschwörungstheoretiker, Spiele und Internetsüchtige,

versuchen mit Fakeprofilen im Fahrwasser von Assange, Snowden oder Anonymous den Eindruck zu erwecken, dass man rechtspopulistische Parteien wählen muss, weil sonst die Bevölkerung systematisch von Ausländern „übernommen" wird und andere haarsträubende Behauptungen!

Der Unterschied ist, dass Assange, Snowden oder Anonymous mit handfesten Beweisen arbeiten, während Fake Profile oder selbsternannte „Wahlkämpfer" mit Parolen und Hetze arbeiten!

Du glaubst auch an den Weihnachtsmann?

Paranoide Verschwörungstheoretiker, es geht mal wieder um Identität und Eifersucht, benutzen gerne diesen Satz!

Er soll bewirken, dass man irgendwie dumm dasteht! Er soll Aussagen verwässern! Tatsächlich basiert der Weihnachtsmann auf zwei Bischöfen (Nikolaus von Pinara/ Nikolaus von Myra) und dem Cola Weihnachtsman! Das heisst zu Weihnachten verkleiden sich viele Deutsche zu einem

Türken in einer amerikanischen Kluft und beschenken ihre Kinder! So gesehen…Ja!

Es gab den Weihnachtsmann!

Er basiert auf: Nikolaus von Pinara (Türkisch) – Nikolaus von Myra (Griechisch/ Türkisch) – Coca Cola (Amerikanisch) -Weihnachtsmann!

Jesus war ein halb Asiate/ halb Afrikaner! Viele Islam Hetzer ignorieren die Tatsache, dass auch der Christentum asiatisch ist! Die Geschichte der Bibel, hat sich in Asien abgespielt! Martin Luther hat diese asiatische Geschichte ins Deutsche übersetzt! Würde man Moscheen verbieten, könnte man auch ebenso gut jede Kirche verbieten! Somit könnte man auch im übertragenen Sinne sagen, dass die CDU oder CSU einer asiatischen Ideologie zugrunde liegen! Der Islam selbst ist nicht gewalttätig, aber er lässt sich zum Wahlkampf sehr gut instrumentalisieren! Mal dahingestellt, ob die Hetze gegen den Islam „ehrlich" gemeint ist! Zu behaupten, dass eine andere Identität die eigene stiehlt, ist der pathologische Irrglaube eine andere Identität auslöschen zu müssen, damit die Eigene übrigbleibt/ überlebt! Das hat 5,6 – 6,3 Millionen Juden das Leben gekostet!

Breaking Bad!

Eine populistische Rechtspartei zu wählen, weil die Regierung angeblich versagt haben soll, ist ein Verhalten, wie ein trotziges Kind!

Im Film mag das „Cool" sein, aber in der realen Welt ist es das nicht!

Wenn Jemand eine Bank überfällt, weil der Chef die Person gefeuert hat. Wer trägt die Verantwortung für den Überfall? Indem man also schon die Schuld auf Frau Merkel schiebt, gibt man bereits zu bewusst etwas Falsches zu tun!

Verantwortung abzugeben ist ein typisches Merkmal von Sucht!

Identität: Der Erfolg der Kopie

Zitat Die Zeit Online: „Vor 160 Jahren hat sich Japan dem Kapitalismus geöffnet. Mit großem Erfolg begann das Land, den Westen zu kopieren. Das Modell hat Schule gemacht."

Und ich mache gleich mal mit einem Zitat weiter. Wikipedia: „**Michael Joseph Jackson** (* <u>29. August</u> <u>1958</u> in <u>Gary</u>, <u>Indiana</u>; † <u>25. Juni</u> <u>2009</u> in <u>Los Angeles</u>, <u>Kalifornien</u>) war ein <u>US-amerikanischer</u> <u>Sänger</u>, <u>Komponist</u>, <u>Tänzer</u> und <u>Entertainer</u>. Aufgrund seiner Erfolge wird er als „King of Pop" bezeichnet."

Also wie sich herausstellt hat sich Michael Jackson selbst nicht als King of Pop bezeichnet, obwohl er es hätte machen können, ohne dass ihm irgendwer böse gewesen wäre! Ich könnte jetzt weitere Kapriolen in seiner Laufbahn aufzählen, aber das halte ich für Überflüssig! Ich könnte jetzt mit dem bleichen seiner Hautfarbe auf das Schönheitsideal der Frauen in Japan anspielen, aber das Bleichen hing seiner Erklärung nach mit einer Krankheit mit der Bezeichnung Vitiligo zusammen! Also hier ist noch nicht der Bezug zu Japan! Dazu später!

Auch Prince kann man nicht wirklich böse sein, denn er verkleidete sich in seinen Auftritten entsprechend seiner ihm verliehenen Künstleridentität! Außerdem war sein richtiger Name auch Prince Rogers Nelson! Im Jahre 2000 endete ein Hin und Her mit seiner Plattenfirma. Er nannte sich aus Protest „The Artist formaly

known as Prince" „TAFKAP",
„Slave" oder „Symbol" und nach
Ablaufen des Plattenvertrages dann
schließlich wieder Prince!

Madonna, gilt zu Recht als die
Queen of Pop. Sie ist Zeitlebens
eine Legende! Auch sie hat sich
diesen Titel nicht selber gegeben,
sondern wurde nach und nach von
Fans und Medien, als solche
gekürt! Madonna Louise Ciccone ist
ihr tatsächlicher Name! Das Spiel
mit der Identität. Madonna Erfolg
basiert ebenfalls darauf, dass Sie
sich mit jedem neuen Album
buchstäblich neu erfindet!

Britney Spears, Princess of Pop,
gilt/galt neben Christina Aguilera,
als „Nachfolgerin" von Madonna! Im
Moment macht Madonna aber eine
andere „Lady" gerade sehr viel
Konkurrenz! Lady Gaga! Das Gaga

in Ihrer künstlerischen Identität ist inspiriert von dem Song „Radio Gaga" von Queen!

Zitat Wikipedia: Freddie Mercury zum Band-Namen: "It was then that I thought about the name Queen. You know at that time the name summoned up a lot of things, a lot of theatre, very grand, very pompous, all of that kind of connotations. It meant so much, you know, it was nice. It wasn't a precise label, it could mean a lot of things."

Dies ist meiner Meinung nach alles nachvollziehbar! Und jetzt erkläre mir doch bitte jemand warum, und jetzt kommen wir wieder zurück zum Anfangszitat, sich *Anis Mohamed Youssef Ferchich,* der sich neben Bushido: KING, und *Kenneth Glöckler,* der sich neben

Kay One: PRINCE nennt? Das Interessante ist, dass King, Prince, Lady, Princess oder Queen zudem alles amerikanische Bezeichnungen sind! Das Bedeutet, dass zu der Blaublütigkeit auch gleich die amerikanische „Staatsbügerschaft" gewünscht scheint!

Also zählen wir auf: Herr Ferchich, ist von der Herkunft halb tunesisch und halb deutsch. Er sucht sich einen japanischen Künstlernamen mit einem amerikanischen Adelstitel, hat einen islamischen Glauben, wählte aber die islamfeindliche AfD!

Herr Glöckler, ist von der Herkunft halb filipina und halb deutsch, hat einen amerikanischen Künsternamen mit einem amerikanischen Adelstitel und macht Musik wie Oli P.!

Vor ein paar Jahren hat sich Deutschland der Hip Hop geöffnet. Mit großem Erfolg begann das Land, den Westen zu kopieren. Das Modell hat Schule gemacht.

„Prince" Kay One und „King" Bushido!

Real Talk oder doch eher Modern Talking?

Der Erfolg der Kopie!

Entwurzelt – Pöbeln ist keine Satire

Kay One, Bushido und Co!

Echte Spirit gibt es nur im Ursprungsland! Die Szene hier ist entwurzelt! Sie war und ist eine Kopie! Nichts eigenes. Deswegen ist das ganze Gehampel und Rumgemache nie wirklich Überzeugend! Selbst Migranten kleiden sich wie ihre Vorbilder aus Übersee und eifern ihnen nach; versuchen Einen auf Amerikanisch zu machen! Doch die Fußtapfen sind zu groß!

JETZT wäre eine gute Chance gewesen, etwas zu bewegen, aber Schicki Micki und Wichtigtuer Gehabe scheint Wichtiger! Partys, Hunde und Witzevids auf Facebook, irgendein verlogenes Posting gegen Rassismus (es kommt drauf an, wo seid ihr Heuchler?), oder Schischa Bar mit Kumpels abhängen mit Moloko.

Die Frauen zeigen wo es lang geht! Jennifer Rostock mit ihrem AfD Song! Vielleicht zeigt ja Helene Fischer auch noch Kante aber die „Männer" mit ihren Arschwackel Musik Videos (nicht mal die sind Überzeugend.) oder Geheule und Gejammer in Zeitlupe, sind völlig verweichlicht!

Die Szene hier hat nichts zu sagen, deswegen hat sie auch nichts zu sagen! Chance verpasst! AfD sagt Danke für`s wegsehen!

Das Grosse Schweigen,

Schischa, Moloko und kein Widerstand gegen Rassismus! In der Hip Hop Szene, wird das Thema Rassismus gerne benutzt, um sein Image aufzuwerten! Es zeigt sich nun, dass es bloß ein Mittel zum Zweck ist, nämlich die Musik zu verkaufen! So gesehen benimmt sich die Hip Hop Szene genau so, wie sie es den Politikern vorwirft!

Alle wollen Amerikaner sein, außer Bushido, der wäre gerne Japaner!

Kay One, ausgesprochen Käy Won oder doch Kai Ohne?
Prince….wieso?! Deutsch Filipino, ohne irgendeinen Bezug zu Amerika! Einen Adelstitel kann ich mir für 79,90 kaufen! Graf fände ich ganz cool! Der Name in Deutsch ausgesprochen:

Kai Ohne Prinz!

Bushido, von dem ich noch nie einen japanischen Song gehört habe, geschweige denn wüsste, dass er was mit Buddhismus am Hut hätte, denn er ist ja bekennender Moslem! Fler der sich auch gerne mal Frank White nennt. Wieso eigentlich? Eko Fresh, Kool Savas, Shindy (amerikanisiert), KC Rebell (ausgesprochen Key Cii oder Ka Zeh?). etc. etc. etc.

Hip Hop auch der Begriff ist amerikanisch!

Die Szene ist durch und durch Fake!

Dass in der Kunstform Hip Hop herumgepöbelt wird, sollte generell abgeschafft werden, denn Hip Hop, wie es sich jetzt zeigt, wo es darauf ankommt, versagt auf der ganzen Linie. Es herrscht ein gespenstisches Schweigen in Richtung AfD. Ja gut vereinzelt gab es ein paar Peanuts, aber von einem echten Widerstand, kann keine Rede sein.

Hip Hop in der Verantwortung gegen Rassismus?

Keine andere Szene macht soviel Wind, wie die Hip Hop Szene. Es gehört fast zum guten Ton sich in irgendeiner Form als Anti Rassist darzustellen!

Große Klappen – nichts dahinter!

Das Schweigen der Lämmer!

Während bei den Amerikanern und vor allem in den Anfängen, eine handfeste Philosophie und ein Glauben dahinter steckt, eifert man hier seinen Vorbildern nur nach! Und ich wiederhole mich, wenn ich sage: JETZT wäre die Gelegenheit gewesen, diese Mode mit einer Überzeugung zu füllen! Stattdessen wird

gefeiert, Schischa geraucht und

Moloko , getrunken!

Den deutschen Rappern geht es bestens! Wozu den fetten Arsch bewegen und was machen, wofür man Hassbriefe aus der rechten Ecke bekommen könnte?

Warum sich „unnötigen Ärger" einhandeln. Verantwortung einfach mal abgeben! Große Klappen nichts dahinter! Ich schreibe mal 50 Cent an. Vielleicht macht der ja einen Anti AfD Song und zeigt den Deutschen Rap Cosplayern mal wie man das macht!

Die deutsche Rapszene ist ein einziges Jammertal, indem nur noch Geheult und Gejammert wird….   …bei Kerzenlicht! Sie steht immer im Schatten der Vorbilder, die eine schier unerreichbare Qualität abliefern. Der Grund ist recht einfach: Viele amerikanische Rapper kennen Armut und sie kennen brutalen Rassismus, Schwarze werden laufend von Cops mehr oder weniger grundlos erschossen. Sowas wie „die Straße" gibt es hier in dem Sinne nicht!

Alles Show!

Phrasendrescher, wie die, die sie „kritiseren". Im Grunde wird sich mit aktuellen Themen „geschmückt", wie mit Rassismus, den sie teilweise selber verbreiten. Homophob, hinterhältig, sexistisch und kritikresistend!

Klingt wie eine bestimmte Partei!

Von einer kritischen Rapszene, sollte man schon sehr viel mehr erwarten! Die Rapszene ist verweichlicht und hat ganz klar versagt!

Unter Umständen könnten in den Flüchtlingsheimen momentan ein paar echte Talente heranreifen! Was sich aber jetzt gerade im Kerzenlicht, um den heißen Brei heulend, hier tummelt, hat wenig mit dem Conscious Rap gemein, den man aus der amerikanischen Szene kennt! Eigentlich sehr traurig, denn gerade jetzt wäre der Moment so richtig Kante zu zeigen. So sieht echter Protest aus:

Kansas City Chiefs cornerback Marcus Peters raises his fist in the air during the national anthem before an NFL football game against the San Diego Chargers on Sunday, Sept. 11, 2016, in Kansas City, Mo. (John Sleezer/The Kansas City Star via AP)

Kann man der HipHop Szene das vorwerfen, was Martin Scorsese, Marvel vorwirft?

Sie riskieren nichts.

Hip Hop ist keine Satire.

Einzig im Conscious Rap, kann man auf politische oder soziale Missstände aufmerksam machen! Pöbeln im Gewand des „Real Talk" für Verkaufszahlen!

Ein gutes Beispiel für nicht vorhandene Sozialkritik ist „Stress ohne Grund" von Anis Mohamed Youssef Ferchichi, der sich Bushido nennt, der völlig ohne Sinn, Politiker, Prominente und Homosexuelle angreift! Es ist weder Satire noch Kritik, noch sehe ich keinen künstlerischen Wert! Es ist ein Lobgesang auf seine „Arabisch-Deutsche Sippe", wie er sie nennt! Erstaunlich, dass gerade er die AfD wählt eund genau solch eine Sippe für die AfD Wählerschaft ein rotes Tuch ist!

Zitat Die Presse:

„Es wäre nicht das erste Mal, dass der mehrfach wegen Beleidigungen verurteilte Bushido sich auf Terror bezieht. 2006 erschien der Track „11. September", in dem er sich als „dieser Terrorist, an den die Jugend glaubt" vorstellte, „Ich bin ein Taliban" und „Amerika hass ich seit dem Golfkrieg" bekannte und u. a. drohte: „Ich lass dich bluten wie die Typen aus den Twin Towers." Denn: „Ich bin King Bushido, zweiter Name Mohammed, ich hab ein' Flächenbrand über deine Stadt gelegt.""

AfD reagierte sehr positiv „Herzlich Willkommen, Bushido, viele deiner Anhänger sind schon lange bei der AfD", schrieb Roland Gläser, Vorstandsmitglied und Kandidat für die Abgeordnetenhauswahl.

Das lasse ich mal so stehen!

Nehmen wir an ein Amerikaner oder ein Japaner nennt sich Professor Hans Otto und fängt an Homophobe, Frauenfeindliche, Gewaltverherrlichende und Rassistische Texte zu Rappen? Würden wir nicht denken, er wolle die Deutschen diffamieren, indem er das Bild des Professors Hans Otto benutzt? Was würde das im Umkehrschluss bedeuten, wenn sich hier ein Mensch ein japanisches oder amerikanisches Pseudonym zulegt und sich auf diese Weise äußert?

Meinungsfreiheit!

Gerne wird mit Pseudonymen gerappt, gepöbelt und beleidigt und sich dann als „Künstler" auf die Meinungsfreiheit berufen! Nur hat, wenn man im Interview näher nachfragt, die Person hinter dem

Pseudonym plötzlich überhaupt nicht diese Meinung! Im Klartext: Man schlüpft in die Rolle einer amerikanisierten oder japanischen „Kunstfigur", pöbelt herum und distanziert sich dann als Privatmensch von dem Gesagten! Verantwortung wird abgegeben!

Klingt ganz wie sehr viele Fake Profile, die Hass verbreiten!

Wie kann man sich auf die Meinungsfreiheit berufen, wenn man nicht diese Meinung hat?

Ein Auszug aus Planet Interview, bei dem Kenneth Glöckner, der sich Kay One nennt, das Interview bei einer Schlüsselfrage abbricht:
„Aber sagst du das auch den Jugendlichen direkt: „Hey, nehmt meine Texte nicht so ernst"?
Wo findet das statt?
Und dann sagst du denen: „Hey, ihr

findet mich cool, aber bitte nehmt meine Texte nicht ernst?" Das verstehe ich jetzt nicht ganz…

+++++An dieser Stelle brach Glöckler das Interview ab.+++++"

Zum deutschen und amerikanischen Rap im gleichen Interview: „Im Song „Borderline" stellst du die Frage „wie geht's dir Deutschrap?" und dann folgt im Wesentlichen das Vokabular „Bitches, Kokain, Champagner" „schieße mit Uzi auf Luxusvillen" „Mutterficker, fick dich" – Ist das Deutsch-Rap 2015? Sozusagen gerapptes Lotterleben?

Aber warum Schwachsinn? Du hast ja eben gesagt, das sei der gleiche Schwachsinn, der in Amerika gerappt wird?!"

In Amerika wird also Schwachsinn

gerappt! Wenn das so ist, warum dann ein amerikanisierter Künstlername? …..!

Geht es dann darum die amerikanische oder japanische Kunstfigur, als homophob, Frauenfeindlich, gewalttätig oder rassistisch darzustellen? Die Frage ist berechtigt! In der Hip Hop Szene ist Amerika nicht wirklich beliebt. Paranoide Verschwörungstheorien kursieren, vor allem über den 11. September. Die Eifersucht auf den Patriotismus sitzt tief!

Bushido ist, wie jeder weiß, praktizierender Moslem. Da gab es auch mal eine Provokation zu den Anschlägen in Paris! Buddhisten und Moslems gelten nicht gerade als befreundet! Wie kommt es also, dass er sich gerade aus dem japanischen einen Künstlernamen

zulegt? Zitat:"
Klar und eindeutig prophezeit das
Kalachakra-Tantra einen
apokalyptischen Krieg zwischen
dem islamischen und
buddhistischen Kulturkreis.
Buddhisten kämpfen gegen
Muslime, die im Text als mleccha
bezeichnet werden. " (Quelle:
Buddha gegen Allah, Trimondi)

Abschließend kann ich sagen, dass
es keine Grundlage für Pöbeleien in
der Hip Hop Szene gibt!
Maßgeblich für die deutsche Hip
Hop Szene sind die Fantastischen
Vier, mit Texten aus dem Alltag!

Du hast Hip Hop nicht verstanden,
ist der am Meisten verwendete
Spruch und scheinbar die einzige
Erklärung für den deutschen Hip
Hop, der mit dem amerikanischen
nichts am Hut hat!

Polemik, wie es gerne eine bestimmte Partei benutzt!

Zitat Abendzeitung München:
„Bushido – ein „Sklave" des Abou-Chaker-Clans?
Kay One, einst ein enger Kumpel des Rappers Bushido, fürchtet sich heute vor Racheakten des Abou-Chaker-Clan. „Und Kay ist der allererste tote deutsche Rapstar!""

Willkommen bei der AfD!

Die Kamera!

Eine Frau nimmt zwei Männer mit nach Hause und gilt sofort als Schlampe! Nimmt ein Mann zwei Frauen mit nach Hause ist er ein Hengst! Das ist heute noch so, trotz angeblicher Emanzipation. Die Emanzipation reicht vielleicht bis in die Wirtschaft und selbst da gibt es noch sehr viel zu tun, aber bei der Sexualität ist Ende! Meiner Meinung nach ist das das Hauptproblem! Solange eine Frau, die mit zwei Männern nach Hause geht nicht auch als Hengst gilt, wird sie in allen sozialen Schichten immer "nur" die Torte sein. Sie wird das "Mäusschen" sein. Unter vorgehaltener Hand das sexuelle Objekt!

Stichwort: Jenna Behrends!

Sexuelle Objekte werden nicht

befördert - sie schlafen sich angeblich hoch! Wenn eine Frau mit ihren Reizen nicht geizt, um in ihrer Karriere voranzukommen, liegt das an der Gesellschaftsstruktur und nicht an der Frau. Der Mann gibt diese Richtung vor! Und wenn sie gefährlich wird, kann man sie auf das Sexuelle reduzieren und keiner wird dem Mann widersprechen, denn alle haben ja gesehen, wie die Frau sich aufgeführt hat!

Und auch die konservative Frau hat das gesehen und ordnet sich der Männerdomäne unter!

Unterordnung ist die neue Selbstbestimmung!

"Während des Kalten Kriegs lernt der erfolgreiche Prager Chirurg Tomas die Serviererin Teresa kennen. Sie beginnen eine

lebenslange Beziehung, die unter Tomas' ständigen Affären leidet. Teresa ist sich völlig bewusst, dass sie beide ein unterschiedliches Verständnis von Liebe und Sexualität haben. Daher stellt sie Tomas lange Zeit nicht zur Rede, sondern erträgt sein Verhalten."
Wikipedia

Der Hut in der unerträglichen Leichtigkeit des Seins, ist ein Symbol der Unterordnung! Die Machtverhältnisse sind klar! Während hier also über Burka geschimpft wird, tragen die Frauen hierzulande jedoch eine unsichtbare Burka! Die Männerdomäne setzt ihnen einen Hut auf! Degradiert sie zu Objekten!

Die konservative Frau hetzt mit!

Also eine Frau geht mit zwei Männern nach Hause und ohne Absprache beginnen sie, sie zu Filmen! Das Machtverhältnis der Frau wird in diesem Moment umgekehrt! Von einer emanzipierten Frau, die sich selbstbestimmt vergnügen will, wird sie plötzlich zum Opfer!

Die Kamera ändert alles!

Plötzlich wird ihr ein Hut aufgesetzt!

Den Männern geht es um kommerziellen Verdienst! Die Frau wird unfreiwillig zum Pornostar! Dass sie mehrmals Nein sagt, wird auf das Filmen bezogen!

Sagen wir, sie meint das Filmen. Um was für einen Film handelt es sich denn jetzt? Gehört er eigentlich nicht zu der Art Filmen, die verboten werden müssten? Und wenn es eines dieser Filme ist, was sagt das über den gesamten Akt aus?

In der Pornobranche gibt es keine Vergewaltigung? (Und in der Ehe sowieso nicht!)

Dann erlaubt doch gleich alle Filme dieser Art! Warum dann Verbote?

Es wird über diese Frau gehetzt! Sie sei eine Schlampe!

Unsichtbare Burka!

Die konservative Frau hetzt mit! Und auch hier zeigt sich zu welchen Wählerkreisen diese gehören. Ja auch Frauen können frauenfeindlich sein!

Hetzt irgendwer gegen diese Männer? Gelten sie als Schlampen? Nein. Sie gelten als Opfer! Das hängt meiner Meinung nach mit der nicht vorhandenen Emanzipation zusammen! Es geht hier nicht darum, was da tatsächlich vorgefallen sein könnte.

Es geht darum Rollenverhältnisse aufrecht zu erhalten!

Eine Frau, die zwei Männer nach Hause nimmt, darf es wohl nicht geben. Sie muss für diese sexuelle Ausschweifung bestraft werden! Mit aller Härte!

So bleibt Catherine Tramell eine Illusion. Die Frau, bei der die Männer ein sexuelles Objekt sind! Sie bleibt eine Männerphantasie! So etwas darf es nur auf der Leinwand geben. In der Realität MUSS sich die Frau unterordnen! Die Kamera MUSS auf sie gerichtet sein. Die Machtverhältnisse müssen in jeder Hinsicht geschützt werden und gerade rechtsgeneigte Parteien bieten den Männern die gewünschten „Jungfrauen"! Die Frau als Ware, die mit den Ausländern nicht geteilt werden darf! Im Umkehrschluss sind rechtspopulistische Parteien kaum anders, als der böse Islam! Die Frau hat nur etwas mehr „Freiheiten"!

Und man sieht die Burka nicht!

Mimimi! Die Ausländer nehmen uns die Frauen weg!

Also das sagt alles über das Ansehen der Frau aus. Frauen sind natürlich nicht fähig, sich selber dafür entschieden zu haben. Die Ausländer haben sie sich einfach genommen. Erklärt sich so die „Mauer" beim Oktoberfest? Um Terror oder „Grabscher" geht es doch garnicht.

Es wird der Eindruck vermittelt, dass die Frauen auf den Strassen nur noch sicher sind, wenn alle Flüchtlinge weg sind! Sicher. Aber bitte zu Aufreizend sein! Sonst ist das eine Einladung. Ist klar!

Better a honest „Bitch", as a relationship based on lies!

Eine sexuell selbstbestimmte Frau wird generell zur „Bitch" degradiert! Es gibt sofort eine verbale Verbindung zur Prostitution! Der Intellekt zählt nicht, sondern nur, wie sie mit ihrer Sexualität umgeht! Solange das so ist, gibt es auch keine Emanzipation! Gerne wird auch mal ein unliebsamer Kollege oder Rivale mit Frauennamen „degradiert"! Was sagt das generell über die Haltung der Männer gegenüber den Frauen aus! Sie befinden sich ewig auf der unteren Stufe! Die Frau an sich wird zur Beleidigung! Es gibt ein paar Knochen, die den Frauen vor die Füße geworfen werden und hier und da gibt es auch die Vorzeigekarrierefrau, aber im Großen und Ganzen, sehe ich das nicht!

Public Disgrace.

Das ist nicht sexistisch! Wenn Frauen ihren Körper zeigen, hat das nichts mit ihrem Intellekt zu tun! Reduziert werden sie von den Neandertalern, die mit der Nacktheit nicht umgehen können!

Wenn ein Mann eine Frau als Spermamülleimer ansieht. Was sagt das über sein Verhältnis zu seinem Erbgut aus? Es hat für ihn einen ähnlichen Stellenwert wie sein Kot. Und was sagt das später zu seinem Verhältnis gegenüber seinen Kindern, die aus diesem „Kot" entstanden sind? Es sollte doch das Wertvollste sein oder nicht? Ist bei der Pferdezucht zumindest so, bei Menschen scheinbar nicht! Penis oder Vulva. Es ist Haut, Fleisch und menschliche Ergüsse. Nicht weniger oder mehr Ekelhaft. Wenn aber der Mann seine Ergüsse als „Kot" ansieht, wird er es nicht in den Mund nehmen! Er benutzt es schliesslich zum „beschmutzen" von Frauen!

Homophobie oder Frauenhass ist somit Ganz klar Selbstekel und wird zu Ekel seiner Kinder gegenüber werden!

Was soll man auch von einer Gesellschaft erwarten, wo Ficken, eigentlich eine schöne Sache, auch gleichzeitig ein Wort ist, was zu, Ausdruck bringen soll, dass man jemanden fertig gemacht, gefickt, hat?

Die gestörte Drohung „Fick niemals einen Ficker" habe ich auch schonmal gehört! Seine Frau hat er doch auch ständig gefickt!

Seine Kinder tun mir leid! Er wird sich vor ihnen ekeln! Sie sind aus der Frau hervorgekommen, die er „gefickt" hat und aus dem Sperma entstanden, welches einen Stellenwert wie Kot für ihn hat!

In dem kontroversen Film „A Serbian Film" geht es um eine Gesellschaft, die vom Staat regelrecht „gefickt" wird. Bereits, wenn das Kind auf die Welt kommt!

Wenn also Pöbelrapper wie „King" Bushido oder „Prince" Kay One „Ich Fick….etc.etc..!" singen sollten, sollte man sich Gedanken machen, wie sie zu Ihren eigenen Familien stehen! Im Grunde werden auch die Eltern gleich mitbeleidigt, denn man ist auch ein Produkt von Sperma! Also Eltern, Frau und Kind…nur nicht die, die es treffen soll!

Hurensohn und Mutterficker sind

Wörter die aus dem Alltag der Pöbelrapper nicht wegzudenken sind! Wird schon seinen Grund haben!

Deutscher Rap scheint Inzestverseucht!

Der Saft der Frau ist gut gegen Krebs und Sperma gut gegen Depressionen!

Alles was existiert gehört auch zu Gottes Plan, sonst würde es nicht existierte, völlig egal wie irgendwelche heilige Schriften interpretiert werden. Sie sind auch nur eine Auswahl von allen Evangelien! Wer sagt, dass sie, falls es einen Gott gibt, seinen Willen repräsentieren? Sie wurden von Menschen geschrieben, interpretiert und sind weitgehendste fantastische Fabeln!

Schwul oder Transe. Alles was existiert hat eine Daseinsberechtigung!

Ein Penis macht noch lange keinen Mann! Was sich im Kopf abspielt ist entscheidend! Und was sich in den meisten Köpfen der „Männer" abspielt, degradiert sie meist zurück in die Pubertät oder zum „Kaffeetratsch!". Wirklich männlich sind die Wenigsten!

Wenn mir eine Frau gefällt, ist es mir egal was unten rum los ist! Frau ist Frau!

Die Gesellschaft scheint bei all der Homophobie doch tief katholisch zu sein! Das 20ste Jahrhundert ist leider nur eine Zahl! Technischer Fortschritt führt nicht automatisch zu intellektuellem Fortschritt. Ganz im Gegenteil. Es scheint das Denken zu ersetzen oder fast unnötig zu machen! Ganz wie in dem Film Wall-E!

Nur weil es eine Handvoll Menschen gibt, die Exoskelette herstellen könnten, heißt das noch lange nicht, dass der Rest der Menschheit auch damit umgehen könnte!

Pornos sind Blockbuster!

Pornos sind ungefähr so real wie die Blockbuster im Kino! Man rennt ja auch nicht los und ballert wild in der Gegend herum mit Superkräften ausgestattet! Es ist gestellt. Wenn Männer damit nicht umgehen können, ist die Frau mit dem Falschen zusammen!

Soweit gesetzlich erlaubt, befürworte ich jede Art von Porno! Das heißt aber noch lange nicht, dass man auch alles, was man sieht tun müsste! Es ist pure Fantasie. Es ist gestellt für die Kamera. Pornos sollen stimulieren.

Auch hier wird übertrieben!

Im Bett ist man sich nah. Man bekommt nicht die Bilder, die man in den Pornos zu sehen bekommt. Das Fühlen steht im Vordergrund, weniger das Visuelle! Die Regeln sind völlig anders! Pornos riechen nicht. Man muss sich nicht artikulieren, sondern ist den Bildern ausgeliefert! Viel Spielraum ist da nicht! Beim Sex will ich mir zumindest auch nicht dieses seltsame Gestöhne antun, wie es in Pornofilmen so üblich ist!

Die Haut ist leicht errötet. Der Atem ändert sich. Wird wärmer. Die Blicke ändern sich. Und viele subtile Kleinigkeiten! Mehr brauche ich nicht!

Public Disgrace

Wir leben in einer Gesellschaft des gegenseitigen Vorführens. Jeder führt jeden vor! Somit ist es ein fester Bestandteil des Fernsehens, Kinos und auch der Pornoindustrie. Tatsächlich mag ich die Reihe Public Disgrace, bei der sich Frauen selber vorführen und ausprobieren! Eine Sex Achterbahn! In der Doku „Kink", die von James Franco produziert wurde, wird auf diesen Bereich eingegangen! Sie leben in einem sicheren Rahmen eine Fantasie aus! Deswegen sind sie aber trotzdem keine „Schlampen", oder mehr oder weniger Wert, als andere Frauen! Sex ist ein Bedürfnis, wie Essen, Trinken oder auf die Toilette zu gehen. Sie hat viele Spielarten. Die romantische

Frau will eine monogame Beziehung, aber es gibt auch Frauen, die an anderen Spielarten Interesse haben. Leider scheint die Gesellschaft nicht erwachsen genug zu sein, damit umgehen zu können.

Frauen, völlig egal welcher Intellekt dahinter auch sein mag, werden von der Gesellschaft geächtet! Das zeigt welches Verhältnis die Gesellschaft, trotz Demokratie, zum Sex hat! Das Verhältnis scheint tief katholisch zu sein! Nur weil eine Gesellschaft die „Plattform" Demokratie anbietet, heißt es nicht, dass die Menschen das auch leben! Es geht viel mehr so zu wie in arabischen Ländern! Die Frau wird als Ware gesehen, sobald sie sich exhibitionistisch auslebt! Das Problem ist meiner Meinung nach nicht die Frau, sondern die Gegenseite, die das nicht toleriert!

Die Frau hat sich nicht zum sexuellen Objekt degradiert, sondern sie hat für einen bestimmten Zeitraum, oder für Gründe, die nur Sie was angehen, ihre Sexualität ausgelebt. Degradiert wird sie von außen. Die Gegenseite, die sich minütlich Pornos anschaut, degradiert sie mit Unverständnis und dabei ist die Gesellschaftsstruktur so aufgebaut, dass Pornos oder auch die Prostitution eine Existenzberechtigung haben! Warum also diese Ächtung? Angebot und Nachfrage. Die Männer wollen Pornos, die Frauen, die darin spielen aber nicht respektieren! Was hat Respekt mit Sex zu tun?

Der Mann wird aufgewertet. Die Frau wird wertlos! Da stimmt doch was nicht! Dabei geht es darum Erfahrungen zu sammeln und neue Spielarten kennen zu lernen! Die Gesellschaft ist und bleibt wohl eine Männerdomäne. Das Ding mit dem Sex muss angegangen werden, wenn sich das ändern soll! Meine Meinung!

Die Pornobranche ist eine einvernehmliche Gesellschaftsstruktur, nur nicht der Umgang mit den Frauen!

Die Geschichte von Jesus zeigt deutlich, dass es ein Bedürfnis danach gibt Menschen zu Ächten. Öffentlich vorzuführen! Sie öffentlich zu erniedrigen! Sie zu demütigen! Niemand, nicht mal die gläubigsten Christen, haben meiner Meinung nach, von dieser

Geschichte gelernt! Die Auswahl dieser Geschichte ist sicher kein Zufall! Sie ist Essential!

Wir führen und vor und wir mögen es zu sehen wie andere Menschen erniedrigt werden! Formate wie die Gong Show, hierzulande Supertalent oder auch DSDS basieren auf diesen niederen Instinkten!

Die Frage ist also nicht, ob es diese Bedürfnisse gibt, sondern wie wir damit umgehen! Es herrscht eine gewaltige Doppelmoral! Die Menschen, die sich diesen Shows hingeben, können auch teilweise nicht abschätzen, was nach einem peinlichen Fernsehauftritt mit ihnen passieren wird! Abgesehen davon sind das Shows, bei denen ausschließlich die Jury die Stars sind. Am Ende der Staffel gibt es zwar Gewinner, aber meist endet die Karriere auch mit der letzten Show. Da wo sie eigentlich anfangen sollte!

Das ist auch im Kino angekommen. Ob nun in „Scream" dieses Spiel mit dem öffentlichen Sterben ausgereizt wird oder auch später viel direkter bei „Saw 3D"! Kevin Williamson, der auch für „The Faculty" oder „Ich weiß, was Du letzten Sommer getan hast" verantwortlich ist, hat das erkannt! Man sieht es auch in den genannten Filmen! „Saw 3D", der einen Höhepunkt darstellt, auch wenn es nicht von Kevin Williamson ist, ist vorerst der Abschluss, zumindest für das Kino!

Es ist ein Spiegel der Gesellschaft! Ja wir schauen uns auch solche Filme an, rennen aber nicht gleich los und zerstückeln aufgrund dessen andere Menschen. Solche Störungen waren meist vorher schon im Gehirn des Amokläufers! Genau so verhält es sich auch mit Pornos! Es sind Fantasien!

Ich bin mit Büchern von Anais Nin oder Henry Miller aufgewachsen. Auch habe ich mir eher französiche Liebesfilme angeschaut, als deutsche! Französische Liebesfilme sind wuchtiger und auch sehr viel ehrlicher! Sie halten die Kamera dahin, wo es wehtut! Liebe ist kein Bett voller Rosen!

Man muss bereit sein, durch die emotionale Hölle zu gehen! Wilde Nächte ist mein all Time Favorite! Es ist das Lebenswerk eines Mannes, der die Geschichte vor seinem realen Tot erzählt! Ein wahres und ehrliches Meisterwerk über die Liebe! Ganz ehrlich. Mit den Worten „Ich Liebe Dich" klingt wie „Isch Liebe Disch!" ist das ganze Thema schon dahin! Da kommt den Frauen die Kotze hoch, auch wenn sie es nicht so zeigen. Ich glaube generell, dass Deutsch vielleicht nicht wirklich geeignet ist für romantische Worte! Das Vokabular in diese Richtung ist jedenfalls eher wie ein Besuch bei der Apotheke. Von so liebevollen Worten wie Fotze bis Pimmel. Es klingt einfach Scheisse! Selbst im englischen klingt das wenigstens noch irgendwie cool, aber in deutsch! Gibt genügend Comedians, die sich darüber lustig machen!

Mit Femen, was auch sehr gut zum

Bereich Public Disgrace gehört, hatte ich zu Beginn auch meine Probleme. Muss man die Brüste zeigen, um seine Meinung zu vermitteln? Mittlerweile sage ich auch „Ja!" Die Gesellschaft ist so strukturiert, dass sie sich nicht interessiert, wenn es nicht schockt! Und sie weisen auch auf kontroverse Themen hin. Sie deuten eben mit der Brust in diese Richtung! Man redet darüber. Ohne ihre Aktionen, würde es keine Gespräche geben! Auch die Presse würde sich nicht für ein paar Mädels interessieren, die an einem abgegrenzten Ort gegen Putin oder sonst wem wettern!

Es ist immer die Gegenseite, die das Problem darstellt. Wie gesagt, Nur weil es eine Demokratie gibt, heißt das noch lange nicht, dass sie in den Köpfen angekommen ist!

Und nur weil es mal eine Emanzipationsbewegung gegeben hat, heißt das nicht, dass man auf halben Wege damit aufhören muss!

Es ist möglich sich einen Porno anzuschauen, und später mit der Darstellerin im Kaffee zu sitzen und ein respektvolles oder angeregtes Gespräch zu führen, ohne beleidigend oder Abwertend zu sein! Die Figur James Bond ist vielleicht deswegen von allen Seiten so beliebt, weil er das Wesen der Frau immer respektiert, völlig egal, wie „kriminell" sie ist oder was er mit ihr macht! An eine Ächtung kann ich mich nicht erinnern! Bond Girls könnte man viel nachsagen. Dummes Liebchen gehört jedenfalls nicht dazu! Sie gelten als Sexy und Intelligent und

sie schlafen nicht mehr oder
weniger mit Männern, als Bond mit
Frauen!

Demokratieolympiade

Diplomatie

Columbo geht mit seinen Rivalen repektvoll um. Er verliert ihre Leistungen nicht aus dem Blick. Er ist freundlich und charmant!
Denoch führt er sie ihrer Strafe zu!

Charlie Hebdo war sinnlos. Sie sind für etwas gestorben, was wir vorher schon wussten!

Wenn man einen Skorpion ärgert, sticht er zu! Aha!

In dem man anderen Ländern die Grenzen der Demokratie ins Gesicht schlägt und auch die Freiheiten, gewinnt man sie sicher nicht für sich, sondern bringt sie gegen sich auf! Als hätte man das nicht schon vorher gewusst!

Ja. Es ist möglich sich über Propheten lustig zu machen. Aber! Muss man für etwas sterben, was man bereits hat? Demokratie und Meinungsfreiheit? Es ist eine Demokratieolympiade, bei der geprahlt wird, was die Demokratie kann!

Einschaltquoten und höhere Auflagen!

Muss man die Kamera in die Wunde stecken?

Mein Beileid an die Angehörigen! Mit dem Schmähgedicht verhält es sich in etwa, wie mit dem brillanten Schachzug von Hitchcock bei Psycho! Am Anfang eine heftige Sterbeszene, das hält die Spannung im Rest des Filmes hoch! Irgendwann flacht das Interesse aber ab und dann, wenn die Einschaltquoten sinken, muss wieder etwas her, wie das Schmähgedicht! Wenn nicht noch härter! Ob das auf die Dauer gut gehen kann?

Was haben Jan Böhmermann oder Charlie Hebdo verändert?

Es macht keiner mehr! Erkenntnisse? Eigentlich nichts, was wir nicht schon vorher wussten! Wir sind nicht schlauer!

Haltet eure Flaggen, Türken, Italiener, Kroaten oder Russen in die Höhe. Gebt an, aber Hand aufs Herz. Was genau macht ihr für euer Land, dass so Leute wie Putin oder Erdogan an der Spitze sind und nicht Leute wie etwa ein Atatürk?

Wenn also die Mädels von Femen halbnackt auf Putin zu rennen und mit dieser Aktion auf etwas hinweisen, riskieren sie echte

Strafen und Gefängnis. Nicht so wie Jan Böhmermann. Der dann hinterher einen trinken geht!

Die Frauen sind die neuen Männer!

Sie kämpfen für etwas, dass sie tatsächlich nicht haben und nicht für etwas dass es bereits gibt!

Don`t point the Finger to America! You are not better! Steuerhinterzieher (http://live-counter.com/deutsche-staatsverschuldung/) GEZ, Zocker an der Börse, Banken oder Versicherungen sind kein Grund auf die Strasse zu gehen. DAS geht richtig ins Geld. Aber wenn es um die Ärmsten der Armen geht wie Flüchtlinge…da wird der Deutsche plötzlich MUTIG!

Vielleicht war der Mittelfinger auch eine Zukunftsvsion. In den nächsten 50 Jahren, kann sich das Blatt wenden. Griechenland kann nur noch aufsteigen, man denke an den Schuldenschnitt für Deutschland und mit Deutschland kann es immer noch Bergab gehen. Sicher nicht wegen den Flüchtlingen!

„Wenn ein Witz eine Staatskrise auslöst, ist das ein Problem des Staates, nicht des Witzes" Jan Böhmermann

Ich denke an die Angehörigen von Charlie Hebdo! Das wird Ihnen nicht weiter helfen! Der nächste Witz kann mächtig in die Hose gehen!

Auflage und Einschaltquote!

Was hat das hier alles mit Phosphoros zu tun?

Na nichts!

Oder

war Phosphoros ein Rebell, der für seine Meinung büßen musste, so wie es Jesus auch getan hat?

Im Grunde sind sich die Geschichten sehr ähnlich!

Impressum:

Verlag

Der Raum

ISBN 9798864736210

Gabriel Wolf

Röderbergweg 37

60314 Frankfurt

www.ingramcontent.com/pod-product-compliance
Lightning Source LLC
Chambersburg PA
CBHW072333290526
45794CB00002B/858